ANNIBAL
CHEZ PRUSIAS.
TRAGÉDIE
EN TROIS ACTES ET EN VERS,

Par A. J. PROST.

Représentée pour la première fois, sur le Théâtre d'Avignon, par les Artistes Lyriques et Dramatiques, sous la Direction de Mr. MODESTE, le ... Novembre 1822.

(Prix : 1 fr. 50 cent.)

AVIGNON;

Chez AMAND GUICHARD, Imprimeur-Libraire;

1822.

PERSONNAGES.	ACTEURS.
PRUSIAS, Roi de Bithynie.	MM. BARRET.
ANNIBAL, Général Carthaginois.	MODESTE.
NICOMÈDE, Fils de Prusias.	ANSILLON.
AMILCAR, Neveu et Fils adoptif d'Annibal.	EDMONT.
LAODICE, Reine d'Armenie.	Mad. CARDINAL.
CLÉONE, Confidente de Laodice.	Mad. SALINÉ.
FLAMINIUS, Ambassadeur de Rome.	BRIAND.
ARASPE, Capitaine des Gardes de Prusias.	MANCEAU.
Suite de Flaminius.	

LA SCÈNE EST A NICOMÈDIE.

Vu et permis d'imprimer.

REMERCIMENS
DE L'AUTEUR,

A MESSIEURS les Amateurs Littéraires, habitués du Café HENRY IV, *et Souscripteurs de son ouvrage.*

Du fils tardif de ma vieillesse,
Vous avez daigné prendre soin,
Ce faible enfant dans sa détresse,
De vos secours avoit besoin :
Il l'a vraiment échappé belle
Car si vous l'en aviez privé,
Il n'eut point ouvert la prunelle,
Et serait sans doute mort-né ;
A l'entrée de sa carrière,
Veuillez encor le soutenir,
Et de son bon-homme de Père,
En vous, vive le souvenir.

ANNIBAL
CHEZ PRUSIAS.

ACTE PREMIER.

SCÈNE PREMIÈRE.

ANNIBAL, AMILCAR.

ANNIBAL.

Mon fils, tu vois l'état où le sort m'a réduit;
J'ai servi des ingrats, j'en recueille le fruit:
Après avoir vingt ans fait triompher Carthage,
Dans les champs de Zama, la fortune volage
M'enlevant ses faveurs, trahissant mes desseins,
De mes nombreux succès a vengé les Romains.
Pour la première fois, mes vieux compagnons d'armes
Ont connu la terreur, ont senti les alarmes :
Pour la première fois, mes yeux les ont vu fuir ;
Que n'ai-je pu, moi seul, les tous anéantir ;
Que n'ai-je, au champ d'honneur, pu finir une vie,
Que je devais traîner avec ignominie;
J'eusse épargné le crime à ce lâche Sénat,
De me sacrifier à la raison d'état,
De se déshonorer en proscrivant un homme,
Qui jusque dans ses murs avait fait trembler Rome.
O Dieux! il est donc vrai qu'Annibal est banni,
En tous lieux rebuté, persécuté, honni !
Je ne puis plus souffrir cette affreuse injustice ;
Il faut que je me venge, ou bien que je périsse;

Les Romains m'ont vaincu, je les voue aux enfers;
J'inspirerai ma haine à vingt peuples divers;
Je veux dans les transports dont mon ame est saisie,
Faire lever contr'eux tous les Rois de l'Asie.

AMILCAR.

Mon père, écoutez moins un trop juste courroux,
Pour vos vastes desseins quel tems choisissez-vous?
Comptez-vous sur ces Rois tributaires de Rome,
Qu'un Préteur fait trembler aussitôt qu'il se nomme?
Rappellez-vous comment le fier Popilius,
Osa tracer un cercle autour d'Antiochus,
Et contraignit ce Roi, frappé de tant d'audace,
De souscrire à ses lois sans sortir de la place?
Le Roi qui règne ici ce foible Prusias,
Voudra-t-il jusque là hasarder ses états,
Voudra-t-il à ce prix embrasser votre cause,
Sur quels autres secours votre espoir se repose?
Daignez en croire un fils qui craint tout pour vos jours,
Demeurez ignoré, s'il se peut, pour toujours;
L'arrêt qui vous bannit n'a pu flétrir la gloire,
Que sur ce front auguste imprima la victoire,
D'un laurier immortel il demeure ombragé;
Calmez, à ce penser, votre cœur outragé;
Si le sort envers vous s'est montré trop sévère,
Vous pouvez le braver, l'univers vous révère.

ANNIBAL.

Tes avis trop prudents ne sont pas de saison,
J'en veux croire ma haine et non point ma raison;
Désormais, je n'aurai que ma fureur pour guide!
Je sais que Prusias est incertain, timide,
Sans cœur, sans énergie, à peine souverain,
Qu'il n'a pas, comme moi, l'horreur du nom Romain;
Mais j'ai su l'inspirer à son fils Nicomède,

Ce prince, mon élève, à qui tout autre cède,
Plein d'ardeur, de courage, adoré des Soldats,
Qui vient de conquérir déjà plusieurs états :
Je l'ai vu, sous mes yeux, vaincre le Prince Eumène,
Sa valeur, en ce jour, me parut plus qu'humaine ;
La fière Laodice est promise à sa foi,
Ainsi, de l'Arménie, il va devenir Roi ;
Je compte aussi beaucoup sur cette grande Reine,
Qui n'a pour les Romains que mépris et que haine ;
Son armée, à ma voix, sera prête à marcher,
Et je n'attendrai pas qu'on vienne me chercher ;
Si j'éprouve un refus du Roi de Bythinie,
J'aurai la Cappadoce ainsi que l'Arménie ;
Je guiderai vers Rome, et pendant le chemin,
Plus d'un peuple à mon sort unira son destin.
Je n'irai pas encor éprouver dans Capoue,
Qu'une seconde fois la fortune me joue ;
Je veux aller camper sur le Mont-Aventin,
Et noyer dans son sang jusqu'au dernier Romain ;
Tu dois me seconder dans cette ardeur extrême,
Le Prince sera prêt ; mais le voici lui-même.

SCÈNE II.

NICOMÈDE, ANNIBAL, AMILCAR.

NICOMÈDE.

Illustre malheureux, calmez votre grand cœur,
Le Latium bientôt va revoir son vainqueur
Reporter dans son sein la guerre et le ravage,
Et sauver l'univers du joug de l'esclavage ;
Nos Soldats seront prêts quand vous l'ordonnerez,
Ceux de la Reine aussi ; vous nous commanderez,

Nous servirons sous vous, en suivant un grand homme;
Nous parviendrons bientôt jusqu'aux portes de Rome :
Sans doute, nous aurons, avant d'y parvenir,
Des combats à livrer, des dangers à courir ;
Mais fussent-ils encor mille fois plus terribles,
Sous un chef, tel que vous, nous serons invincibles,
Oui, nous irons apprendre à ces altiers Romains,
A respecter les droits du reste des humains :
Oui, nous réprimerons l'audace sans seconde
D'un Sénat orgueilleux qui veut régir le monde,
Et nous rendrons, enfin, au gré de nos souhaits,
Le repos à la terre, à l'Orient la paix.

ANNIBAL.

Prince, j'aime à vous voir ce superbe courage,
De votre noble sang c'est le digne appanage ;
Sous mon égide assez vous avez combattu,
Il est temps de montrer toute votre vertu :
Vous m'avez honoré du nom de votre maître,
Le moment est venu de me faire connoître :
Combien de mes leçons vous avez profité ;
Vous serez près de moi toujours à mon côté,
Mon fils sera de l'autre, et nous vaincrons ensemble ;
Ne l'espérez-vous pas, dites, que vous en semble ?
Ne partagez-vous pas cette bouillante ardeur,
Qui de mes jeunes ans me donne la vigueur ?
Jurons ici tous trois en face de la terre,
De faire au nom Romain une éternelle guerre;
De nous baigner au sang d'ennemis odieux ;
Dut-il nous en coûter un trépas glorieux ?
Prince, allez de ce pas rassembler votre armée,
Achevez, dès ce jour, votre illustre hyménée ;
La Reine Laodice en vous donnant sa foi,
De ses puissants états, va vous couronner Roi ;

Mais

Mais, vous l'êtes déjà par le droit de conquête;
Et d'assez beaux lauriers ombragent votre tête :
Venez y joindre encor le mérite et l'honneur
D'avoir du monde entier assuré le bonheur.

NICOMÈDE.

Au feu de vos discours mon ame s'électrise ;
Oui, courons achever cette noble entreprise,
Fallut-il y périr tous trois, nos yeux du moins,
De la honte des Rois, ne seraient pas témoins?
Je vais, tout de ce pas, presser le Roi mon père,
De s'unir avec nous comme un auxiliaire :
Ensuite, avant d'aller affronter les hasards,
Je jure mon hymen sur les autels de Mars ;
En m'accordant sa main, la reine Laodice,
Va supplier ce dieu de nous être propice.
Elle connaît à fond l'art de bien gouverner,
Et sait, quand il le faut, prescrire et commander ;
De nos états communs je lui laisse les rênes ;
Ses mains les régirons aussi bien que les miennes;
Elle fera pour nous d'énergiques efforts,
Et pourra nous fournir au besoin des renforts;
Son sexe, est excessif et va jusqu'à l'extrême,
Profondément pervers ou vertueux de même.
Si vous parlez au Roi, veuillez sonder son cœur,
Général, c'est à vous qu'appartient cet honneur;
Employez près de lui votre mâle éloquence,
S'il pouvait partager ma juste défiance,
Il sentirait qu'il faut traiter en ennemis,
Ceux qui ne sont pour nous que perfides amis.
Il est essentiel de lui faire comprendre,
Que c'est le seul parti que nous ayons à prendre,
Et qu'il l'approuverait, s'il étoit convaincu,
Qu'un ennemi surpris est à demi vaincu;
Mais le ciel nous l'envoie,

SCÈNE III.

NICOMÈDE, PRUSIAS, ANNIBAL.

PRUSIAS.

Je viens de voir la reine,
Mon fils, à tous vos vœux elle souscrit sans peine,
Et m'a même permis de désigner le jour,
Où, des lauriers mêlés aux myrthes de l'amour,
Elle couronnera de sa main votre tête ;
Vous aurez donc marché de conquête en conquête,
Et vous posséderez, par cet heureux traité,
La vertu, le mérite, autant que la beauté :
Je vois avec plaisir une union si belle,
Vous lier tous les deux d'une chaîne éternelle ;
Et je prévois pour vous les plus heureux destins,
Si vous savez garder l'amitié des Romains.

NICOMÈDE.

Vos bontés sont pour moi toujours plus précieuses,
Seigneur, puissai-je voir vos années heureuses,
Se prolonger au gré de mes ardents désirs,
Ce seroit pour mon cœur le plus grand des plaisirs ;
Mais, si j'osais ici dire ce que je pense,
Des Romains je ne puis approuver l'alliance,
Je suspecte leur foi, leur immoralité,
Nous défend avec eux de faire aucun traité ;
Préparons-nous plutôt à soutenir la guerre,
Qu'ils méditent de faire aux peuples de la terre ;
Cherchons des alliés pour pouvoir résister
Au torrent qui sur nous va se précipiter ;
Armons tous nos soldats chéris de la victoire,

A qui de mes succès je dois toute la gloire ;
La reine Laodice assemblera les siens ;
Le jour qui nous verra former de doux liens,
Prenons une attitude imposante et guerrière,
Et de l'indépendance arborons la bannière.

PRUSIAS.

Mon fils, je ne saurais approuver vos desseins,
Osez-vous espérer de vaincre les Romains,
Quand ils ont triomphé d'Annibal, de Carthage,
Et jusque sous ces murs ont porté le ravage,
Quand ce fier général, ses soldats aguerris,
Se sont vus terrassés dans leur propre pays ?
Modérez votre ardeur, consultez ce grand homme,
Sans doute il vous dira qu'il faut ménager Rome,
Et sans former ici d'inutiles projets,
Se borner à ne pas devenir ses sujets.

ANNIBAL.

Puisqu'à parler, seigneur, votre voix m'autorise,
Je crois devoir ici vous dire avec franchise,
Ma façon de penser sur vos communs débats,
Et l'unique moyen de sauver vos états :
N'ayez dans les Romains aucune confiance,
Craignez leur amitié, fuyez leur alliance,
Je n'ai que trop connu ce peuple ambitieux,
Il sait l'art de cacher ses desseins odieux,
Jusqu'à dissimuler il pousse la prudence,
Et de la vérité revêtant l'apparence,
Sémant la défiance entre les Rois divers,
Il prépare en secret le joug de l'univers ;
Il n'est qu'un seul chemin pour sauver votre gloire,
C'est celui de l'honneur, celui de la victoire,
Le seul qui soit ouvert à des cœurs généreux,
La fortune toujours sert les audacieux ;

Il faut marcher à Rome, et sous notre bannière
Nous verrons se ranger bientôt l'Asie entière,
Nous la verrons sortir de son lâche sommeil,
Et faire à ses tirans redouter son réveil ;
Il faut détruire à fond cette cité fatale,
Qui, dans son dur orgueil n'eut jamais de rivale ;
A l'univers captif rendre la liberté,
Et mériter ainsi de la postérité.
Tel est mon sentiment, puisqu'on me le demande,
J'eusse moi-même fait ce que je recommande,
Si Carthage m'avoit envoyé les secours,
Que je sollicitais vainement tous les jours,
J'eusse sauvé la honte à ma triste patrie,
De se voir en un jour vaincue, annéantie,
Forcée de souscrire à de honteux traités,
Et souffrir des mépris qu'elle a trop mérités.

PRUSIAS.

J'admire, général, ce courage indomptable,
Qui rend votre courroux encor si redoutable ;
Votre grand cœur s'indigne avec juste raison ;
Mais ces nobles conseils ne sont pas de saison ;
Quant à moi, mon avis est qu'il faut qu'on diffère,
Sur ce hardi dessein je veux qu'on délibère ;
Je veux y réfléchir, et vous serez instruits,
De l'avis que j'aurai formé pendant la nuit ;
Mais que nous veut Araspe ?

SCÈNE IV.

NICOMÈDE, PRUSIAS, ANNIBAL, ARASPE.

ARASPE.

                          Avec impatience,
L'ambassadeur Romain demande une audience,
Il vient, dit-il, traiter un objet important,

Et veut venir auprès de vous, être admis à l'instant.
PRUSIAS.
Allons le recevoir, mon fils, je suis en peine
De savoir quel sujet en ces lieux nous l'amène;
Quel qu'il soit, gardez-vous de laisser transpirer
Le projet sur lequel je veux délibérer?

Fin du premier Acte.

ACTE SECOND.

SCÈNE PREMIÈRE.
LAODICE, NICOMÈDE, CLÉONE.

NICOMÈDE.
Ma princesse, le Roi vient de me déclarer,
Qu'à votre chère main j'ai le droit d'aspirer,
Que vous avez permis qu'il fixe la journée,
Où nous devons former un heureux hyménée;
Je sens comme je dois le prix d'un tel bonheur,
Mais l'abord importun de cet Ambassadeur,
Que bientôt près du Roi nous allons voir paraître,
M'inquiète, me trouble, et je crains pour mon maître,
Quelque nouveau complot de la part des Romains,
Qui voudraient bien pouvoir le tenir en leurs mains;
Ils craignent de le voir contr'eux prendre les armes,
L'illustre fugitif excite mes alarmes;
La faiblesse du Roi me fait trembler pour lui;
Cette idée en mon cœur jette un profond ennui.

LAODICE.
Prince, j'approuve en tout ce qu'a dit votre père,

Et je vous fais ici l'aveu franc et sincère,
Que vos rares vertus avaient su me toucher,
Avant que mon hymen on vous vit rechercher ;
J'accepte votre main avec reconnaissance,
Et je me donne à vous avec pleine assurance,
Comptant que vous serez en tout tems mon soutien,
Et ne prendrez jamais de parti que le mien.
Mais cet ambassadeur, comme vous, m'importune ;
Je crains pour Annibal un revers de fortune ;
Prusias aurait-il assez de lâcheté,
Pour violer les droits de l'hospitalité :
J'estime ce grand homme autant que vous peut-être,
Et j'aime vous ouïr le nommer votre maître,
Plus il est malheureux, plus on doit le servir,
Contre l'oppression on doit le secourir,
Fallut-il en venir à rompre une alliance,
En laquelle jamais je n'eus de confiance,
Fallut-il d'une guerre affronter le danger,
C'est un devoir sacré que de le protéger ?

NICOMÈDE.

Vous connoissez mon cœur, ô généreuse reine !
Il est pour cet ami dans la plus vive peine,
Pour le défendre, à tout je suis déterminée,
J'ai déjà tout prévu, j'ai tout examiné ;
Mais il s'agit encor de décider mon père,
A ne pas consulter sa prudence ordinaire,
Ou plutôt sa faiblesse, et lui faire sentir,
Que de son apathie il doit ici sortir ;
Que le tems est venu de délivrer l'Asie,
Du joug trop odieux qui la tient asservie,
Et d'affranchir, enfin, l'Orient tout entier,
Des fers que lui prépare un peuple trop altier.

SCÈNE II.

LAODICE, PRUSIAS, NICOMÈDE, CLÉONE.

Prusias.

Voici bientôt le jour, ma chère et digne reine,
Où s'unissant à vous d'une éternelle chaîne,
Un fils que je chéris va courber, à vos pieds,
Son front déjà paré d'assez dignes lauriers ;
Ce jour où je verrai s'accroître ma famille,
Qu'il me sera permis de vous nommer ma fille,
Je pourrai donc me voir revivre en vos enfants,
Je sens, à ce penser, rajeunir mes vieux ans.

Laodice.

Seigneur, en vous donnant le tendre nom de père,
Ce nom cher et sacré, je me flatte, j'espère,
Que vous seconderez, sans doute, en ma faveur,
Un généreux dessein que me dicte l'honneur ;
On poursuit Annibal, et l'envoyé de Rome,
A coup sûr est ici, pour nuire à ce grand homme,
Auquel, dans son malheur vous ouvrîtes les bras,
En lui donnant asile en vos puissants états.
Si Rome, jusques-là, pouvoit porter l'audace,
On doit, par un refus, réprimer sa menace ;
Si son ambassadeur fait cette indignité,
Il faudra le punir de sa témérité,
Le faire repentir de cette inconvenance,
Dussions-nous des Romains encourir la vengeance ?

Nicomède.

Mon père, devant vous, je déclare ardemment,
Que je partage en tout ce noble sentiment ;

Si l'on venait ici pour insulter mon maître,
Je saurais le défendre, et l'on verrait peut-être,
Que je pourrais prouver à ses fiers ennemis,
Qu'il n'est pas sûr pour eux d'attaquer mes amis.

PRUSIAS.

L'ambassadeur Romain, madame, arrive à peine,
Et vous savez déjà le sujet qui l'amène ?
Cependant je présume, et j'ai lieu de penser,
Que c'est à moi d'abord qu'il a du s'adresser ;
Il va bientôt venir, je vais ici l'entendre,
Ensuite je verrai le parti qu'il faut prendre ;
Soyez tous deux présents, et vous pourrez savoir,
Que personne ne doit me tracer mon devoir.

SCÈNE III.

LAODICE, PRUSIAS, NICOMÈDE, ARASPE, CLÉONE.

ARASPE.

Seigneur, Flaminius demande l'audience.

PRUSIAS.

Qu'il vienne, vous mon fils, écoutez en silence,
Ce qu'il va m'annoncer ; quand j'aurai répondu,
Alors, à votre tour, vous serez entendu.

SCÈNE IV.

LAODICE, PRUSIAS, NICOMÈDE, FLAMINIUS, CLÉONE, ARASPE, *Gardes, Suite de Flaminius.*

FLAMINIUS.

Seigneur, ma mission ne concerne qu'un homme,
Qui tout vaincu qu'il est, offusque encore Rome;
Quoique ses vains projets ne puissent l'alarmer,
Il s'agit d'Annibal, s'il me faut le nommer;
Lorsque vous avez eu l'indulgence coupable
De tendre à ce proscrit une main secourable,
Ignoriez-vous alors quels étaient ses desseins ?
Et ne craignez-vous pas d'offenser les Romains,
En ayant la faiblesse aujourd'hui de permettre,
Au prince, votre fils, de le choisir pour maître;
En l'art de guerroyer, de chercher les combats,
De porter le ravage au sein de ces états,
Que Rome protégeait de toute sa puissance ?
Je viens de ces griefs vous demander vengeance;
Je viens, comme envoyé de ces mêmes Romains,
Exiger qu'on remette Annibal en leurs mains.

PRUSIAS.

Les Rois, aux malheureux, doivent leur assistance;
A l'exemple des dieux ils doivent leur clémence,
A tous ceux que le sort poursuit injustement;
Je n'ai pas cru devoir en agir autrement:
L'illustre infortuné que vous paraissez craindre,
A trouvé dans mon cœur le besoin de le plaindre;
Je dus le recevoir, quand il vint m'implorer,
Et ne balance pas à vous le déclarer.
Au reste, dans le jour, vous aurez ma réponse,

A ce qu'en ce moment votre bouche m'annonce.

NICOMÈDE.

Mon père, vous savez que vous m'avez promis,
Que de parler moi-même, il me seroit permis :
Je vais donc, retenant le courroux qui m'enflamme,
Renfermer, s'il se peut, ma colère en mon ame,
Et tâcher de répondre avec tranquillité,
Si je puis l'obtenir de mon cœur irrité :
Rome, de vos états, prétend se rendre arbitre ;
Où prend-elle ce droit, et quel est donc son titre,
Pour oser en ces lieux dicter ainsi des lois ?
Veut-elle s'ériger la régente de Rois ?
Abandonnerons-nous un homme qu'elle opprime,
Et dont elle veut faire une illustre victime ?

à Flaminius.

On poursuit Annibal, nous serons ses soutiens,
Mon bras le secourra, le Roi lui tend les siens.
Rome tient-elle en main le sceptre de la terre ?
Faut-il la consulter sur la paix ou la guerre ?
Croit-elle nous traiter en esclaves soumis ?
Ah ! s'il faut à ce prix, devenir ses amis,
Je préfère encourir sa haine et sa vengeance,
Et de son ennemi embraser la défense.

LAODICE.

Seigneur, tout ce qu'a dit votre généreux fils,
Je le pense, et je crois qu'il doit m'être permis,
D'exprimer, devant vous, cette digne pensée,
Rome dut-elle encor s'en montrer offensée ;
Par son ambassadeur, elle ose demander,
Ce qu'on ne peut sans honte et sans crime accorder ;
Je protége Annibal, et si la Bythinie,
Est peu sûre pour lui, qu'il aille en Arménie,
Nous verrons, dans le cas qu'on vienne l'y chercher,

Si par de vains discours l'on peut l'en arracher.

PRUSIAS.

Madame, et vous mon fils, je viens de vous entendre,
Je vous l'avais promis, veuillez me laisser prendre,
L'avis de mon conseil, avant de prononcer ;
Flaminius, ce soir, je vous vais annoncer,
Ce qu'on aura conclu d'après votre demande,
L'arrêt sera rendu, mais il faut qu'on l'attende.

FLAMINIUS.

Permettez-moi, seigneur, avant que de sortir,
Que, dans votre intérêt, j'ose vous avertir,
De ne pas refuser, par un fatal caprice,
Ce que Rome demande avec tant de justice ;
Dans ses murs, Annibal, ne court point de danger,
Elle veut l'empêcher seulement de songer,
A fomenter par-tout la discorde et la guerre,
Et faire soulever tous les Rois de la terre.

SCÈNE V.

LAODICE, PRUSIAS, NICOMÈDE, ARASPE.

NICOMÈDE.

Je puis donc à la fin parler en liberté :
Non, avec un tel peuple, il n'est point de traité ;
On en veut, à coup sûr, aux jours de ce grand homme,
Je crois déjà le voir dans cette indigne Rome,
En bute à la fureur du peuple exaspéré,
Qui vient verser un sang dont il est altéré,
Et traînant de son corps le misérable reste,
Offrir à son sénat ce spectacle funeste :
De ce sort effrayant il faut le préserver,

Dussions-nous avec lui, nous perdre ou nous sauver ?

LAODICE.

Qu'il est digne de vous ce dessein magnanime;
Unissons-nous, cher prince, et prévenons un crime;
Délivrons Annibal de ses persécuteurs,
Et le fer à la main soyons ses protecteurs;
S'il ne doit plus trouver d'asile en ces contrées,
Il nous le faut conduire en de plus reculées :
Si ce Flaminius vient me l'y demander,
Et par de vains propos, s'il croit m'intimider,
Je pourrais lui prouver que je suis souveraine,
Qui ne le cède point à la fierté romaine.

PRUSIAS.

Mes enfans, calmez-vous, et sortez hors d'effroi;
Confiez-vous au père, obéissez au Roi;
Je vais examiner mûrement cette affaire,
Et me déterminer sur ce qu'il faudra faire.
Allez attendre en paix cette décision,
Et cessez, devant moi, toute discussion.

SCÈNE VI.

LAODICE, NICOMÈDE, CLÉONE.

NICOMÈDE.

Je ne puis m'empêcher de craindre pour mon maître;
La faiblesse du Roi me laisse trop connaître,
Qu'il n'osera jamais résister aux Romains,
Et s'en va lâchement le livrer en leurs mains.

LAODICE.

Courons donc le sauver; je m'offre toujours prête,
A lui donner, sans crainte, en mes états retraite;

Prenons ce seul parti, sans plus considérer;
Mais du secours d'Araspe il faut nous assurer,
Il vous est dévoué, bien plus qu'à votre père;
Agissons, sans tarder, tandis qu'on délibère,
Allons mettre à profit ces instans précieux,
Secourir le malheur, c'est honorer les dieux !

Fin du second Acte.

ACTE TROISIÈME.

SCÈNE PREMIÈRE.

LAODICE, CLÉONE.

LAODICE.

Le prince ne vient point, quel obstacle l'arrête ;
Aurions-nous donc à craindre une langue indiscrette ?
Serions-nous donc trahis ? Cléone, qu'en dis-tu ?
Ne t'a-t-on rien appris ? n'as-tu rien entendu ?
Sait-on si le conseil est encor en séance ?
Je ne puis résister à mon impatience,
Et je vais m'éclaircir.

CLÉONE.

        Madame, écoutez-moi,
Vous savez si l'on peut se fier à ma foi ;
Vous savez que toujours je me montrai fidelle,
A vous donner ici des preuves de mon zèle ;
Le roi paraît vouloir se cacher de son fils,
Car au conseil qu'on tient il ne l'a point admis ;
Aux portes du palais, la garde est redoublée,
Au seul Flaminius on en permet l'entrée ;
Le prince, en ce moment, est avec Annibal,
Il paraît redouter l'événement fatal,
Qui pourrait menacer les jours de ce grand homme,
Qu'il craint de voir livrer à l'envoyé de Rome :
Araspe est à son poste et n'a pu m'écouter,
Mais bientôt il viendra lui-même vous parler.

LAODICE.

Pour cet infortuné personne n'intercède,
Mais je veux le défendre autant que Nicomède,
Le Roi ne peut, sans honte, ainsi l'abandonner ;
De cet ambassadeur il doit se délivrer,
Et ne pas supporter qu'il vienne avec audace,
Jusqu'au pied de son trône employer la menace.

SCÈNE II.

LAODICE, NICOMÈDE, CLÉONE.

NICOMÈDE.

Madame, le conseil ne veut délibérer,
Sans que l'ambassadeur ne jure d'adhérer,
A sa décision, telle qu'elle puisse être ;
Sans doute il répondra qu'il n'en est pas le maître,
Et doit auparavant consulter son sénat.
Tout sera suspendu par ce nouveau débat,
Et nous aurons le tems de prendre nos mesures,
De manière à les rendre infaillibles et sûres.
Ah ! si Flaminius recevait son congé,
De quel énorme poids je serais soulagé.

LAODICE.

Prince, nous avons lieu de craindre que cet homme,
Ne veuille attendre ici les dépêches de Rome ;
Si même il n'est porteur d'un ordre positif,
D'exiger que l'on prenne un parti décisif,
Pour moi je ne saurais sortir d'inquiétude,
Tant que pourra durer pareille incertitude.
Ah ! que le Roi n'a-t-il assez de fermeté,
Pour se servir ici de son autorité ;
Si j'étais en sa place, on me verrait peut-être,
Remplir mieux mon devoir, mais voici votre maître,

SCÈNE III.

LAODICE, NICOMÈDE, ANNIBAL, AMILCAR, CLÉONE.

ANNIBAL.

Le roi ne peut-il donc agir en souverain,
Il devrait repousser avec un fier dédain,
D'un sénat orgueilleux l'insupportable audace,
Et lui rendre en ce jour menace pour menace ;
Injustement proscrit, entre ses bras jeté,
Il me doit les secours de l'hospitalité ;
Si de me délaisser, il avait la faiblesse,
Je saurais m'affranchir du malheur qui me presse,
Quoique, demeuré seul, il me reste encor moi,
Je ne souffrirai pas qu'on me fasse la loi ;
Il n'est point de danger pour l'homme qui le brave,
Je hais trop les Romains pour être leur esclave ;
On ne me verra point de leurs fers accablé,
En bute aux cruautés d'un vil peuple assemblé ;
A cette indignité, je saurai me soustraire,
Et malgré la rigueur d'un sort toujours contraire,
Ce peuple détesté ne jouïra jamais,
Par ma captivité du fruit de ses forfaits !

AMILCAR.

Modérez les transports d'une juste colère,
Vous qui depuis vingt-ans me tenez lieu de père,
Croyez que Prusias n'abandonnera pas,
Un hôte, que naguère il reçu dans ses bras,
Et gardera d'un roi le noble caractère ;
S'il a daigné vous tendre une main tutélaire,
Vous ne pouvez douter qu'il ne vienne aujourd'hui,
Contre l'oppression vous prêter son appui.

NICOMÈDE.

NICOMÈDE.

Mon cher Maître, le ciel sera pour vous propice ;
Comptez sur nos secours, la reine Laodice
Est prête à vous servir contre vos ennemis :
Songez que vous avez encor de vrais amis,
Qui du joug des Romains jurent de vous défendre,
Et pour vous en sauver sauront tout entreprendre ;
Ils pourront vous venger de ce peuple odieux,
Et leurs sermens vont être exaucés par les dieux.

LAODICE.

Prince, et vous Annibal, comptez sur ma parole,
Je ne redoute point ces rois du Capitole ;
Si vous craignez ici, venez dans mes états,
De vos persécuteurs braver les attentats :
Si leur Flaminius ose y suivre vos traces,
S'il vient renouveller d'insolentes menaces,
Je vous fais la promesse, ou plutôt le serment,
Qu'il ne restera pas, à ma cour, un moment,
Et s'en ira redire au fier sénat de Rome,
Qu'on ne peut sous mes yeux insulter un grand homme.

SCÈNE IV.

LAODICE, PRUSIAS, NICOMÈDE, ANNIBAL, AMILCAR, CLÉONE.

PRUSIAS.

Fort à propos ici je vous trouve assemblés ;
Je viens rendre le calme à vos esprits troublés :
L'avis de mon conseil, général, unanime,
N'est pas d'abandonner le faible qu'on opprime ;
On a délibéré, d'une commune voix,
Que Rome, en mes états, ne peut donner des lois ;

Que son ambassadeur doit sans murmure attendre,
Ce que je vais daigner ici lui faire entendre.
Annibal, soyez sûr, quoiqu'il puisse arriver,
Que le roi vous protége et saura vous sauver.

ANNIBAL.

Peut-elle s'abaisser, cette Rome si fière,
A poursuivre un vieillard au bout de sa carrière,
Que la mort va saisir, et qui sous peu de jours,
D'une vie agitée aura fini le cours.
Que son Flaminius va s'acquérir de gloire,
A se voir l'instrument d'une telle victoire;
Mais s'il croit m'amener à son char enchaîné,
Pour me livrer aux mains d'un peuple mutiné,
Il se verra trompé dans sa barbare attente ;
Il aura pourtant lieu d'avoir l'ame contente.
Son arrivée ici détruit tous mes projets ;
Les romains n'auront plus à craindre désormais,
Dans leur ambition, d'éprouver des entraves,
Ils rendront tour-à-tour les nations esclaves,
Et se verront bientôt maîtres de l'univers :
Mais, je les haïrai jusque dans les enfers.

SCÈNE V.

LAODICE, PRUSIAS, NICOMÈDE, ANNIBAL, AMILCAR, CLÉONE, ARASPE.

ARASPE.

Seigneur, Flaminius demande avec instance,
Qu'en secret vous daigniez lui donner audience.

PRUSIAS.

Vous pouvez l'avertir que dans mon cabinet,
A l'entendre bientôt il me trouvera prêt.
Annibal, que votre ame en ma foi se repose ;
Croyez que je saurai défendre votre cause.

SCÈNE VI.

LAODICE, NICOMÈDE, ANNIBAL, AMILCAR, CLÉONE.

ANNIBAL.

Rome doit donc ainsi disposer de mon sort,
C'est d'elle que j'attends ou la vie ou la mort.
Le choix n'est pas douteux : une mort glorieuse,
A plus d'attraits pour moi qu'une vie orageuse ;
Mais je la veux trouver les armes dans les mains,
Expirant sur le corps du dernier des Romains.

AMILCAR.

Mon père, bannissez ce penser trop funeste !
Voulez-vous de vos jours empoisonner le reste ?
Laissez moi vous conduire à votre appartement,
Et perdez de vos maux le vif ressentiment.

SCÈNE VII.

LAODICE, NICOMÈDE, CLÉONE.

NICOMÈDE.

Ce fâcheux entretien m'alarme et m'inquiète,
Je crains qu'il n'en résulte une intrigue secrète ;
Mon père, jusque-là pourrait dissimuler ?
Vous avez entendu comme il vient de parler ;
Sous sa protection il a pris ce grand homme,
Qu'il veut, dit-il, soustraire aux embûches de Rome ;
Mais moi, qui, dès l'enfance ai pu l'étudier,
Je n'ose en ses discours encor me confier :
Je connais sa prudence ou plutôt sa faiblesse,
Et de Flaminius je redoute l'adresse ;

Qu'en pensez-vous, princesse, aurions-nous la douleur,
De voir de mon cher maître achever le malheur?

LAODICE.

Prince, j'avais prévu ce résultat funeste ;
Le parti de la fuite est le seul qui lui reste :
On pourrait, sous nos yeux, venir s'en emparer,
Il nous faut donc agir sans plus délibérer ;
C'est moi qui veut servir d'escorte à votre maître ;
Le Roi n'y mettra pas d'empêchement, peut-être ?
Cléone, tu m'as dit qu'Araspe allait venir ;
Mais je ne le vois point ; qui peut le retenir !
Serait-il du complot qu'ici l'on organise ?
Aurais-je donc trop fait de fond sur sa franchise !
Va, cours me le chercher, et me l'amène ici;
Je veux l'interroger.

CLÉONE.

Madame, le voici.

SCÈNE VIII.

LAODICE, NICOMÈDE, CLÉONE, ARASPE,

LAODICE,

Araspe, que fait-on ? Qu'avez-vous à m'apprendre ?
Le roi prend-il enfin le parti qu'il faut prendre ?
Se laisse-t-il gagner par cet ambassadeur,
Qui voudrait lui prouver, avec tant d'impudeur,
Et lui persuader dans un discours frivole,
Qu'il est de son devoir de fausser sa parole ?

ARASPE.

Avec Flaminius le Roi s'est enfermé ;
Au-dedans, au-dehors, le palais est fermé ;
Une garde nombreuse en occupe la porte,

Elle a soin d'empêcher qu'on entre et que l'on sorte ;
Au seul ambassadeur on en permet l'accès ;
Annibal est sur-tout surveillé de fort près ;
C'est tout ce que j'ai su.

LAODICE.

Prince, que je périsse,
Avant qu'un tel complot aujourd'hui s'accomplisse.
Entrons chez Annibal et courons le sauver ;
Aux yeux de Prusias, je prétends l'enlever ;
Nous verrons si ce Roi faible et pusillanime,
D'une telle entreprise ose me faire un crime :
Je veux voir s'il viendra l'arracher de mes mains,
Pour en faire une offrande à ces lâches romains.

NICOMÈDE.

Je ne saurais penser, Madame, que mon père,
Puisse cesser, d'un Roi, d'avoir le caractère ;
Qu'il veuille lâchement ainsi se dégrader ;
Je ne pourrai jamais me le persuader.
Araspe, allez savoir si cette conférence,
Est finie, et venez en toute diligence,
Me dire, sur le champ, quel est son résultat,
Et si le Roi veut perdre ou sauver son état.

SCÈNE IX.

LAODICE, NICOMÈDE, CLÉONE.

NICOMÈDE.

Reine, ne craignez pas que mon père prononce,
Avant d'avoir transmis au conseil la réponse,
Que de l'ambassadeur il a du recevoir :
Tout n'est pas consommé, conservons quelqu'espoir.

LAODICE.

Cessez de vous flatter d'une vaine espérance ;

Partagez bien plutôt ma juste défiance ;
Nous perdons, je le crains, de précieux instants :
Dans un moment, peut-être, il ne sera plus tems ;
De prévenir le coup fatal que nous prépare,
Le perfide envoyé de ce peuple barbare,
Ne délibérons plus, allons dans mes états
Prendre de sûrs moyens contre ses attentats ;
Faisons, au nom romain, une éternelle guerre ;
Que ce nom odieux s'efface de la terre :
Mais, qu'est-ce que j'entends ! quel bruit ! quels cris confus !

SCÈNE X et dernière.

LAODICE, NICOMÈDE, CLÉONE, ARASPE.

LAODICE.

Ah ! que fait Annibal ?

ARASPE.

Ce grand homme n'est plus.

LAODICE.

O ciel ! que dites-vous ? Quelle main ennemie,
A pu trancher le cours de cette illustre vie !
Quel est le monstre affreux qui fut son assassin ?

ARASPE.

Lui-même a terminé son malheureux destin ;
Ne pouvant plus sortir par la secrète issue,
Qu'il croyait seul connaître et qu'on gardait à vue ;
Le palais, de soldats se trouvant entouré,
Dans son appartement, de nouveau retiré,
Peuple vil, a-t-il dit, je te hais et te brave ;
Annibal dans tes murs ne sera point esclave ;
Un homme courageux est maître de son sort ;
A ton joug odieux je préfère la mort.
Infâme Prusias, je te voue aux furies ;

Je voudrais en mourant t'arracher mille vies,
Mais tu vivras sans gloire et seras bien puni,
D'avoir ainsi trompé ton hôte et ton ami!
A ces mots, d'un poison gardé pour cet usage,
Il verse dans son sein le funeste breuvage;
La foudre aurait produit de moins puissans effets:
Ses regards à l'instant sont éteints pour jamais;
Il tombe entre les bras de son neveu fidelle,
Qui dans son désespoir vainement le rappelle.
Voilà l'illustre fin de cet homme étonnant,
Qui vecût redoutable, et qui meurt menaçant.

LAODICE.

Ce ne sont point des pleurs qu'Annibal vous demande,
C'est du sang qu'il attend, il faut qu'on en répande!
Attaquons dans leurs murs ces Romains odieux,
Que la flamme et le fer en délivrent nos yeux!
Prince, daignez me suivre, allons en Arménie,
De ce grand général évoquer le génie;
Courons armer les bras des peuples généreux,
Et sachons triompher ou périr avec eux.

NICOMÈDE.

Il faut donc te quitter, ô ma triste patrie!
Toi que je chérissais jusqu'à l'idolatrie;
Puissai-je abandonnant le toit de mes ayeux,
Espérer que mon père aura fléchi les Dieux,
Se sera repenti de sa lâche faiblesse;
Puisqu'il n'a recueilli, d'une telle bassesse,
Que le malheur affreux que ce jour a produit:
De l'oubli des devoirs, digne et funeste fruit!
Pour nous, qui perdons tout en perdant ce grand homme,
Poursuivons ses desseins en marchant contre Rome;
Suivis de l'univers, et sans rien ménager,
Par ses mânes plaintifs, jurons de le venger!

FIN.

www.ingramcontent.com/pod-product-compliance
Lightning Source LLC
Chambersburg PA
CBHW060727050426
42451CB00010B/1665